Ruth Heil

Gottes Nähe entdecken

30 Andachten zum Mutmachen

mediaKern

Vorwort

Es gibt Tage, an denen es mir schwerfällt, aufzustehen. Oft sind zusätzlich noch Schmerzen da. Das Leben scheint einfach ungerecht zu mir zu sein. Wenn ich dann die Bibel aufschlage, staune ich nicht schlecht, dass ich oft auf einen Vers stoße, der genau meine Situation trifft. Sollte das Zufall sein? Nein! Der große Gott, der mich erschaffen hat, kennt mich und weiß, wie es mir geht, gerade heute und jetzt. Je länger ich ihn kenne, umso mehr sehe ich seine liebevollen Spuren in meinem Leben. Oft waren es Wege, die ich überhaupt nicht verstehen konnte, Dunkelheiten, die mich fast zur Verzweiflung brachten. Doch im Nachhinein kann ich voller Dankbarkeit sagen:

Herr, ich verstehe bis heute nicht alles. Aber eines weiß ich:
Du wirst mich auch in der größten Finsternis niemals verlassen. Das macht mich getrost. Immanuel Kant, der große Philosoph, soll einmal gesagt haben: »Es gibt auf der Erde keine tröstlicheren Worte als die vier Worte aus Psalm 23: DU BIST BEI MIR.«
Diese Erfahrung wünsche ich auch Ihnen.

Ruth Heil

Der Engel des Herrn lagert sich um die her, die ihn fürchten, und hilft ihnen heraus.

Psalm 34,8

Der Engel lagert sich. Das heißt nichts anderes, als dass er sich genau dort aufhält, wo ich gerade bin. Nein, nicht um mich zu überwachen! Vielmehr zu meinem Schutz. Gott schenkt mir eine persönliche Leibgarde und lässt mich damit wissen, wie wichtig ich ihm bin. Allerdings kann ich diesen Begleitschutz verlieren. Der Engel lagert sich nicht überall. Es gibt Momente, in denen er traurig Abstand nehmen wird.

Er ist immer dann bei mir, wenn mein Herz mit Gott Berührung hat. »Er lagert sich um die her, die den Herrn fürchten.« Das meint nicht »Angst haben« oder »Zittern«, sondern: Nach dem Herrn richte ich mich aus. Was er sagt, hat Gültigkeit für mich.

Diese Begleitung Gottes ist die beste Lebenshilfe. So steht Gottes Engel neben uns, um uns zu trösten, schützend um uns, wenn Angst uns befallen will, bewahrend in der Gefahr, aufbauend im Durcheinander unserer Seele.

Achten wir darauf, Gottes Willen von Herzen zu suchen, damit uns dieser wunderbare Beschützer nicht verloren geht.

Zur Erinnerung

Der Engel des Herrn lagert sich. Keine Sorge! Er ist auch jetzt und heute da, um herauszuhelfen.

Unsere alleinige Sorge soll sein, Gott zu fürchten. Durch Unglauben, Zweifel und Beschäftigung mit Gedanken, die ihm nicht gefallen, vertreiben wir diesen Boten, den uns Gott in seiner Liebe zugedacht hat.

Lobe den Herrn, meine Seele, und was in mir ist, seinen heiligen Namen!

Psalm 103,1

Dieser Jubelpsalm wurde möglicherweise in einer sehr dunklen Zeit von David geschrieben. Er redet darin ein ernstes Wörtchen mit seiner Seele. »Seele«, sagt er, »sieh weg von dir selbst und deiner Situation. Zuallererst lass uns Gott loben und seinen heiligen Namen. Ich traue ihm einfach zu, dass er es gut mit mir meint. Noch kann ich zwar nicht erkennen, wozu es nutzen soll. Aber er blickt weiter.

Lobe ihn, Seele, auch wenn dir nicht danach zumute ist! Sein Name ist heilig! Sein Name ist die Garantie dafür, dass ich als sein Geschöpf für ihn wichtig und geliebt bin.«

Unwillkürlich denkt man an die erste Bitte im Vaterunser: »Dein Name werde geheiligt.« – »Unser Vater« heißt dieser Gott, dessen Kind ich sein darf.

Gott in schweren Situationen zu loben ist nicht einfach. David fordert seine Seele auf, es trotzdem zu tun. Er lässt nicht zu, dass sein Inneres verzagt. Tief drinnen weiß er: Gott ist größer als mein Leid. Und er lässt mich nicht fallen.

Tipp
Was lassen Sie Ihre Gefühle heute Morgen wissen? Ausweglose Situationen, übermäßige Arbeitsberge, unvorbereitete Prüfung, kaum Nachtruhe ...
Fangen Sie an, wie David zu Ihrer Seele zu sagen, dass sie Gott loben soll. Und wenn Sie selbst zu schwach sind, um ein Lied zu singen, hören Sie Ihre Lieblings-CD an und sprechen Sie die Worte der Lieder wenigstens in Ihrem Herzen mit.

Lobe den Herrn, meine Seele, und vergiss nicht, was er dir Gutes getan hat.

Psalm 103,2

Wer in Traurigkeiten gefangen ist, kann kaum Gutes in seinem Leben entdecken. Es ist, als ob man eine bestimmte Brille trägt, die keine Helligkeit durchlassen will. Der Mann, der diesen Psalm geschrieben hat, weiß, wovon er redet. Er hat Verfolgung, Angst um sein Leben, Verachtung hinter sich. Doch er fordert seine Seele zum Umdenken auf. Zieh deine Brille ab, liebe Seele, sagt er. Es gibt wirklich schreckliche Zeiten in meinem Leben. Aber hat Gott dir nicht immer wieder durchgeholfen? Doch! So, und nun erinnere dich bitte an einzelne Situationen: Weißt du noch?

Wer lernt, in dieser Weise mit seiner Seele zu reden, erspart sich viel Gram. Der Psalmist macht seiner Seele Vorgaben, was sie zu denken hat. Er weiß, dass es fast keinen Weg heraus gibt, wenn unsere Gefühle uns manipulieren. Gefühle fragen nicht nach Richtigkeit, sondern reagieren auf Erlebnisse. Man kann sie nicht ohne Weiteres umstimmen, aber darf ihnen Material zur Verarbeitung anbieten.

Bieten wir ihr für schwere Zeiten doch Spezialnahrung an: Konserven aus Zeiten der Durchhilfe Gottes. Deshalb: fleißig einkochen in Tagen der Fülle.

Tipp

Einkochen heißt in diesem Fall: die Zeichen der Liebe Gottes in einem Heft aufschreiben und immer wieder durchlesen. Halten Sie darin fest, wie Gott Ihnen durchgeholfen hat. »Vergiss nicht, was er dir Gutes getan hat« muss ein fester Bestandteil unseres Denkens werden. Das bewahrt vor Verzweiflung in scheinbar aussichtslosen Lagen.

Ich danke dir dafür,
dass ich wunderbar gemacht bin.

Psalm 139,14

Was ging Ihnen durch den Kopf, als Sie heute Morgen vor dem Spiegel standen? Waren Sie begeistert von Ihrem Aussehen und haben Sie sich angestaunt? Nein? Welchen Maßstab legen Sie denn an?

Der Psalmist staunt über Gottes Wunder in und an seinem Körper. Er überlegt sich, wie es wohl geschehen konnte, dass er Nieren und Organe hat, dass er sehen und hören, sprechen und riechen, gehen und fühlen kann. Er staunt darüber, dass Gott um alles weiß, sogar die Gedanken, die ihn bewegen, und seine Pläne, die er schmiedet. Dieser große Gott hat mich gemacht. Ich bin sein Werk! Dieser Gott, dieser gewaltige Schöpfer, ihm bin ich so wichtig, dass er seine Hand über mir hält (Vers 5). Das ist doch einfach unfassbar. Ich, das Geschöpf, bin Gott wertvoll.

Er weiß, wie ich bin. Er kennt sogar die Worte auf meiner Zunge. Trotzdem wirft er mich nicht enttäuscht weg, sondern geht mir nach, wirbt um mich, sucht mich, um mir zu vergeben.

Tipp

Lassen Sie sich heute von Gott neue Augen schenken. Und dann treten Sie vor den Spiegel! Fangen Sie an zu staunen über Ihre Augen und Ohren, Ihre Nase und Ihren Mund, Ihre Arme und Beine. Schauen Sie sich tief in die Augen und nehmen Ihr Herz mit beim Gebet: »Ich danke dir dafür, dass ich wunderbar gemacht bin!« Schreiben Sie diesen Vers auf und hängen Sie ihn an den Spiegel, den Sie am häufigsten benutzen!

Ich kannte dich,
ehe ich dich im Mutterleib bereitete.

Jeremia 1,5

… ehe! Das gilt auch für Ihr Leben. Vielleicht quälen Sie sich bis heute damit herum, dass Sie eigentlich nicht gewollt waren, dass Sie vielleicht sogar abgetrieben werden sollten. Bei Gott waren Sie bekannt, längst bevor Ihre Eltern über Sie nachdachten. Bei ihm gibt es keine Zufälle. Über Ihrem Leben steht ein Plan, ein ganz besonderer Weg mit Ihnen. Menschlich mag es Ihnen vielleicht nicht so gut damit gehen. Vielleicht ist schon viel Traurigkeit und Ungeliebtsein in Ihrem Leben gewesen. Aber dieser Gott, der Himmel und Erde gemacht hat, bietet Ihnen nun seine Hand an, seine Freundschaft, seine Liebe. Lassen Sie das Alte dahinten, das Ihnen das Gefühl geben will, dass Sie nicht wichtig seien. Für Gott war es wichtig, dass Sie da sind. Und allein das zählt. Er wollte, dass es gerade Sie gibt. Schlagen Sie ein, vielleicht heute wieder neu, in die Hand Gottes, der sie Ihnen entgegenstreckt zur Hilfe und Heilung für Ihre verletzten Gefühle.

Tipp

Bilden Sie Sätze mit ABER ...:
Ich war von meinen Eltern zwar nicht geplant,
ABER Gott war es wichtig, dass es mich gibt.
Ich habe im Leben wenig Liebe von Menschen empfangen,
ABER Gott will mich mit seiner ganzen Liebe umgeben und allen Mangel ausfüllen.
Ich fühle kaum Kraft für den heutigen Tag mit seinen Anforderungen,
ABER ich bin von Gott gehalten.

Die auf den Herrn harren,
kriegen neue Kraft.

Jesaja 40,31

»Harren«, was soll das denn sein, werden Sie sich fragen. Ausharren ist schon etwas vertrauter. Und aushalten, das kann man sehr wohl verstehen. »Die beim Herrn aushalten«, könnte man einfach sagen. Die nicht weglaufen, wenn es schwierig wird, die vertrauen, dass er es gut meint, auch wenn momentan dafür jegliche Voraussetzung fehlt. Es sind die Menschen, die an einer Sache nicht verzweifeln, sondern sich im Gebet an Gottes Arm klammern und sagen: Gott, du hast es gesagt, du wirst es tun, ich warte auf deine Stunde.
Manchmal ist der Leidensdruck in uns sehr groß. Dann liegt uns die Verzweiflung näher als der Mut, uns aufs Aushalten zu konzentrieren. Und doch scheint genau dort das Geheimnis zu liegen: Im Ausharren wächst die Kraft. Es ändert sich vielleicht noch nicht die Situation, aber das Verhältnis zwischen Last und Träger ist nicht mehr dasselbe wie zuvor.

Der Geplagte bekommt im Aufblick zu Gott einen solchen Aufwind, dass er sich wie ein Vogel aufschwingen kann, trotz allem Schweren. Er fühlt Gottes Tragen und kann erleichtert sagen: Ich sehe noch keinen Ausweg, aber mein Gott wird einen für mich schaffen.

Tipp
Bekleben Sie eine leere Schachtel oder Dose mit Geschenkpapier. Sammeln Sie in diesem Behälter Bibelverse, durch die Sie ermutigt wurden. Nehmen Sie später immer wieder einen Vers heraus als ein Geschenk Gottes an einem Tag, an dem Sie seine Zusagen besonders brauchen.

Wer unter dem Schirm des Höchsten sitzt und unter dem Schatten des Allmächtigen bleibt, der spricht zu dem Herrn: Meine Zuversicht und meine Burg, mein Gott, auf den ich hoffe.

Psalm 91,1.2

Sitzen und Bleiben wird hier empfohlen. Nichts, was uns ohne Weiteres gelingt. Eigentlich sind wir mehr für Schaffen und Handeln. Doch hier geht es darum, den Schirm aufzusuchen und sich darunter niederzulassen. Alles Jammern über die stechende Sonne holt den Schatten nicht herbei. Aber unser Gang unter den Schirm beschert uns, wonach wir uns sehnen. Eine sichere Festung hilft absolut nichts, wenn wir sie in Gefahr nicht aufsuchen. Das Anschauen genügt nicht. »Auf, hinein in die Burg!«, müssen wir uns zurufen. Wir brauchen einander, um uns gegenseitig daran zu erinnern, die Burg aufzusuchen.

»Meine Zuversicht«, sagt hier der Psalmist zu Gott. »Sicht« hat etwas mit Sehen zu tun. »Zuversicht« meint, den Blick in die richtige Richtung zu schicken. Der eine schaut auf die Zahl der Feinde, die ihm hoffnungslos überlegen sind – der andere blickt auf die Rettung und flüchtet sich in die Burg.

Auf den Schirm achten, unter dem Schatten bleiben – und zu Gott sprechen: Meine Zuversicht und meine Burg!

Tipp

Kaufen Sie sich einen kleinen Zierschirm. Hängen oder stellen Sie diesen Gegenstand so auf, dass er Ihnen immer wieder ins Auge fällt. Ein einfacher Schirm, auf Papier aufgemalt und ausgeschnitten, genügt auch. Nehmen Sie diesen Schirm als Erinnerung daran, in inneren oder äußeren Notsituationen den Schirm aufzusuchen.

An jenem Tage werdet ihr mich nichts fragen.

Johannes 16,23

Sie haben offene Fragen in Ihrem Leben? Ich auch. Sie verstehen vieles nicht? Ich auch! Manchmal meinen Sie, dass Gott Sie nicht hört? Ich auch! Wir sind übrigens in guter Gesellschaft. Den Jüngern ging es ähnlich, sonst hätte der Herr Jesus nicht auf diese Weise zu ihnen gesprochen. Er erklärt ihnen, dass der Moment kommen wird, an dem sie auch das Unverständliche in ihrem Leben begreifen werden. Keine Frage wird offen bleiben. Alles wird klar sein. Das ganze Warum-Fragen wird ein Ende haben. Offensichtlich ist vieles in unserem Leben nur im Rückblick zu verstehen – und manches wird erst aus der Perspektive des Himmels verständlich sein. Wir können uns zwar weiter damit quälen und nach dem Sinn suchen. Aber wir sollten uns stattdessen ein Herz nehmen und sagen: Herr, ich verstehe dich nicht. Aber ich will vertrauen, dass du den Überblick hast. Kinder vertrauen ihren Eltern, wenn sie sich von ihnen geliebt wissen. Sie gehen, wenn auch mit Tränen in den Augen, ins Krankenhaus zur Operation. Wie viel mehr sollten wir dem himmlischen Vater glauben, dass er es gut meint.

Tipp
Bringen Sie Gott neu Ihre Zweifel über schwere Lebensführungen, Ihre Ängste über Krankheit, Ihre Not mit einem lieben Menschen. Schreiben Sie darunter: Herr Jesus Christus, ich danke dir, dass der Tag kommen wird, an dem ich dich wegen dieser Dinge nichts mehr fragen muss. Danke, dass du die Kontrolle darüber hast, auch wenn ich nichts verstehe.

Und der Herr wandte das Geschick Hiobs, als er für seine Freunde bat.

Hiob 42,10

Kennen Sie das? Man begegnet jemandem – und möchte ihm am liebsten aus dem Wege gehen. Oder man senkt den Blick, um dem anderen nicht die Ablehnung zu zeigen, die man für ihn empfindet. Eigentlich möchte man ihn gar nicht sehen. Wenn Blicke töten könnten! Vielleicht haben wir Angst, dass unsere Augen uns verraten.
Wer innerlich gefangen ist, Unrecht nachzutragen, wird seines Lebens nicht mehr froh. Hiob erlebte Freunde nicht als Helfer in der Not. Statt ihm beizustehen, belehrten sie ihn darüber, wie das alles hätte verhindert werden können. Hiob war nach allem Schweren, was ihm widerfahren war, ein Mann, der an Gott festhielt. An ihm war er nicht verzweifelt. Jedoch an seinen Freunden. Nun geschieht der letzte Schritt aus dem Gefängnis seiner schlimmen Erlebnisse. Er bittet bei Gott für die Freunde, die ihm geschadet haben. »Und der Herr wandte das Geschick Hiobs«, lesen wir. Wenn wir unser eigenes Gefängnis auftun, in das wir andere, vielleicht zu Recht, hineinsetzten – dann ist das der Beginn unserer eigenen Freiheit.

Tipp
Bitten Sie Gott, Ihnen Ihre heimlichen Gefangenen zu zeigen. Und dann listen Sie sie einzeln auf.
Übergeben Sie diese Menschen an Gott. Sie selbst können mit Ihrer Trauer, Wut oder Enttäuschung nur bewirken, dass Sie selbst ein Gefangener dieser Gedanken werden.
Trauen Sie Gott zu, dass er damit fertig wird.

Wie der Hirsch schreit nach frischem Wasser,
so schreit meine Seele, Gott, zu dir.

Psalm 42,2

Psalmen sind Gebete, die aus der Not oder aus der Freude heraus entstanden sind. Sie haben mir schon oft geholfen, vor Gott meine innersten Gefühle auszudrücken. Ich zehre von diesen Gebeten, wenn meine Kraft ausgegangen ist und mir die Worte fehlen zum eigenen Beten. Es tröstet mich, dass es offensichtlich schon vor mir Menschen gab, die sich am Ende fühlten, Menschen, die mit Gott lebten – und trotzdem ausgelaugt waren. Der Schreiber des Psalmes vergleicht sich hier mit einem Hirsch, der nach Wasser schreit. Solch ein Verzweiflungsschrei ist nur nach Sonnenglut ohne Regen möglich, im dürren Land, wo es an Quellen fehlt. Genauso fühle ich mich manchmal auch. Wie gut, dass Gott kein wohlgeformtes Gebet von mir braucht, um mich zu verstehen. Der Schrei meiner Seele genügt. Vielleicht sind solche Dürrezeiten manchmal wichtig, damit wir uns neu auf Gott besinnen. Der Alltag lässt uns so schnell vergessen, dass wir ohne Wasser verloren sind. Solange es fließt, merken wir nicht, wie »Not-wendig« es für uns ist.

Daher sind Dürrezeiten unendlich kostbar. Es sind die Heimsuchungen Gottes, die er uns schickt, damit wir ihm nicht verloren gehen – und vor allen Dingen er uns nicht.

Tipp

Vielleicht können Sie nicht mehr beten. Dann fangen Sie an, Psalmen zu lesen. Dieser hier über den Hirsch ist besonders geeignet. Und es wird Ihnen ergehen wie dem Mann, der ihn gebetet hat: Gott hört auch den Schrei des Herzens.

Und Gott wird abwischen alle Tränen von ihren Augen, und der Tod wird nicht mehr sein.

Offenbarung 21,4

Alle Tränen dieser Welt! Welch einen Salzsee gäbe das! Wie viel Leid allein nur in unserem eigenen Leben! Da gibt es selbst verursachtes Leid und Schmerz, den andere uns bereitet haben, Ablehnung und Enttäuschung, Verletzung und Gemeinheiten, aber auch Tränen der Buße und Tränen der Sehnsucht, dass uns selbst vergeben werde.
Alle diese Tränen wird Gott abwischen. Und der Tod wird entmachtet sein, dieser Auseinanderreißer und Zerstörer. Es ist aus mit ihm und er darf nicht mehr sein Unwesen treiben.
Unvorstellbar! Das ist Himmel.
Doch nicht erst im Himmel, auch jetzt schon will Gott uns trösten. Dieser große Gott, zu dem wir Vater sagen dürfen, nimmt uns auch heute schon auf den Schoß und trocknet mit seinem himmlischen Taschentuch unsere Tränen.

»Ich bin bei dir«, lässt er uns wissen. »Du bist zwar noch auf dieser Erde – und noch gibt es Tränen. Aber flüchte schon jetzt zu mir. Ich verstehe dich, ich kenne deine Traurigkeit, ich will deine Tränen abwischen und dich trösten in deinem Leid.«

Tipp

Suchen Sie sich einen ungestörten Platz in Ihrer Wohnung und machen Sie es sich bequem. Wenn Ihnen danach zumute ist, weinen Sie. Aber machen Sie sich bewusst, dass Sie dabei die Hand Ihres Vaters im Himmel umschließt. Bleiben Sie innerlich mit Ihrem Leid nicht allein. Vertrauen Sie sich dem Vater an, der alle Tränen versteht und abwischen wird.

Der Herr bedarf deiner.

Nach Matthäus 21,3

Welche Gedanken wohl durch Ihren Kopf gehen? Etwa: Mich gebraucht er doch nicht! Für was sollte er denn mich benötigen! Was kann ich denn schon! Da sollte er doch andere nehmen! Doch, genau Sie sind gefragt! Mit Ihren Fähigkeiten will Gott genau dort, wo Sie stehen, sein Werk tun. Sie können etwas, was andere in dieser Weise nicht fertigbringen, denn Gott hat Sie als Original geschaffen. Vielleicht fühlen Sie sich sogar von andern missbraucht als Esel. Lesen Sie einmal den Zusammenhang des Textes! Ich musste schmunzeln, als ich entdeckte, wer da gebraucht wurde. Aber dann freute ich mich darüber, für wen er nötig war! Es ist hier tatsächlich von einem Esel die Rede, den Jesus losbinden ließ, um auf ihm nach Jerusalem zu reiten. Was auch immer Sie für andere tun, haben Sie doch dabei Ihren Herrn vor Augen! Dann können Sie getrost Esel spielen und voller Freude zusehen, wie die Leute die Kleider auf dem Boden ausbreiten, weil sie bei Ihnen den Herrn Jesus entdecken.

Zur Erinnerung

Es gibt eine Art Gutmütigkeit, die andere dazu verleitet, uns zu missbrauchen. Wir haben aber von Gott eine Würde bekommen, die uns die Freiheit gibt, es voller Freude für ihn zu tun oder auch Nein zu sagen.

Im Ja zu der Aufgabe, die er mir zeigt, liegt der Schlüssel zur Freude. »Der Herr bedarf deiner« steht für den Platz, an den Sie gestellt sind, nicht um Esel zu spielen, sondern um den Herrn Jesus zu tragen, sei es im Büro oder beim Essenkochen.

*Segnet, weil ihr dazu berufen seid,
auf dass ihr Segen erbt.*

1. Petrus 3,9

Das weiß jedes Kind: Wenn zum Schluss des Gottesdienstes der Segensgruß gesprochen wird, ist er bald zu Ende. Aber halt: Fängt es jetzt nicht erst an, dass wir den Segen besonders brauchen? Beweist er sich nicht gerade dann, wenn zu Hause der Alltag weitergeht, obwohl es Sonntag ist? Vielleicht steht der Segen am Ende des Gottesdienstes, weil wir ihn zu Hause so nötig haben. Es ist nicht in erster Linie eine kirchliche Handlung, die nur der Pfarrer ausführen kann. Den anderen zu segnen ist eine Aufforderung an alle Menschen, die Gott kennen. Segnet! Das heißt praktisch: Ich wünsche dem anderen Gutes, weil Gott mir Gutes getan hat; ich befehle ihn in Gottes Hände. Er begleitet das Kind, über dem ich den Segen ausspreche; er wird zum guten Wunsch, mit dem ich dem Jubilar die Hand schüttle – und er wird auch zum Schutz für mich selbst dem Nächsten gegenüber, der mich verletzt hat. Der Segen, den ich über ihm ausspreche, ist wie ein Mantel Gottes, der Bitterkeit keine Chance zum Einnisten gibt. Wer segnet, darf in wunderbarer Weise Gottes Wirken an anderen erleben und wird selbst gesegnet.

Tipp

Haben Sie Mut, Dinge auszusprechen, die Sie kränken, und grenzen Sie sich ab von Menschen, die Ihnen schaden wollen. Nehmen Sie sich ein Herz, Menschen zu segnen, bei denen mit Worten und mit Handeln nichts zu ändern ist. Vergessen Sie aber auch die nicht, die Sie lieb haben. Segnen und Beten ist das Beste, was wir für einen Menschen tun können.

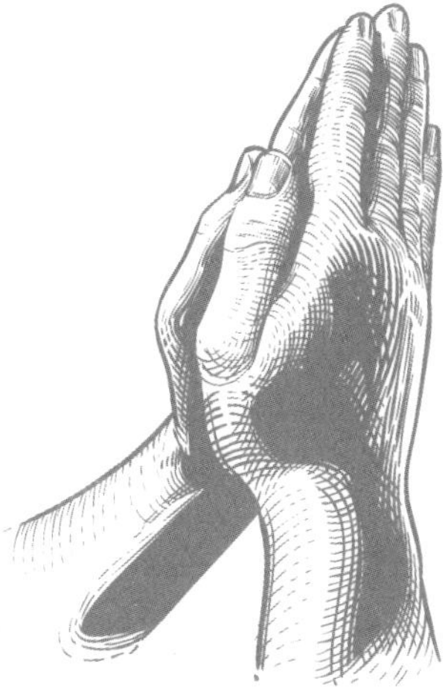

Es freue sich das Herz derer,
die den Herrn suchen!

Psalm 105,3

Das ist eine Aufforderung. Sie haben Grund zur Freude, wenn Sie die Gemeinschaft mit Gott suchen. Es gibt so vieles, was Sie daran hindern kann, seine Nähe zu suchen. Häufig sind es Sorgen und ungelöste Probleme, die unsere Gedanken gefangen halten und uns am Gebet hindern wollen. Dabei ist durch Nachdenken manches gar nicht zu lösen. Wenn Gott suchen der Ursprung der Freude ist, dürfen wir getrost unsere Grübeleien und Sorgen ihm übergeben. Wer dem allmächtigen Gott seine Not anvertraut, hat den besten Helfer auf seiner Seite. Begeben Sie sich im Gebet in Gottes Nähe und sagen Sie ihm Ihr ganzes Herz. Manchmal hilft es auch, auswendig gelernte Liedverse aufzusagen oder zu singen. Erlauben Sie Ihrem Gefühl nicht, Sie zu manipulieren. Glauben Sie Gott mehr als Ihren Gedanken. Lassen Sie sich von ihm eine innere Freude schenken, die unabhängig von den Umständen eines festhält: Wenn Gott auf meiner Seite ist, habe ich Grund zur Freude.

Tipp

Listen Sie alle Sorgen und Probleme, die Ihnen durch den Kopf gehen, auf. Schreiben Sie darunter:
Heute, am ..., an Gott persönlich übergeben.
Danach beginnen Sie, Gott im Gebet zu suchen. Suchen meint: nicht gleich aufhören, wenn die Sorgen sich wieder dazwischenschieben wollen. Lassen Sie sich die Kostbarkeit des Redens mit Gott auf keinen Fall entgehen, nur weil Ihre Gedanken in eine andere Richtung ziehen. Laut beten kann dabei eine große Hilfe sein.

Du, Herr, bist der Schild für mich, du bist meine Ehre und hebst mein Haupt empor.

Psalm 3,4

Einen Schild benutzt man zur Abwehr feindlicher Angriffe. Vielleicht ist heute solch ein Tag, wo Sie sich auf vielerlei Weise in die Zange genommen fühlen: Sie haben Schmerzen, sind müde, niemand versteht Sie. Und deutlich spüren Sie von den anderen den Stempel »ungenügend«. Vielleicht plagen Sie sich zusätzlich noch mit Schuldgefühlen herum. »Du, Herr, bist der Schild für mich«, sagt dieser Mann in den Psalmen, der sich möglicherweise in ähnlicher Situation befindet. Er erkennt, woher der Wind weht. Aber voller Zuversicht weiß er: »Zwischen mir und meinen Feinden, die Angst, Beklemmung, Verzweiflung, Schmerz heißen können, steht Gott als Schild.« Er ist diesen Angreifern, die seine Seele bedrohen, nicht hilflos ausgeliefert. Gott ist der Schild, der bedeckt, durch Jesus Christus sogar der Schild für seine begangene Schuld. Was ich zu Jesus Christus an sein Kreuz getragen habe, ist vergeben. Der Feind hat keine Anrechte mehr. Nun ist Gott meine Ehre, trotz meines Versagens.

Er ist auch meine Ehre, wenn Menschen mich falsch beurteilen oder nicht beachten. Gottes Werturteil über mich befähigt mich – ungeachtet meiner Vergangenheit –, mein Haupt emporzuheben.

Tipp

Lesen Sie nach, was Ihnen durch Jesus Christus geschenkt ist: Kind und Erbe zu sein (Römer 8,17 und Galater 3,29); Jesus Christus hat eine Wohnung für Sie bereitet im Himmel (Johannes 14,2); früher schuldig – heute ein Wohlgeruch (2. Korinther 2,15).

*Gebt, so wird euch gegeben.
Ein volles ... und überfließendes Maß ...*

Lukas 6,38

Geben? Klar, Sie sind nicht kleinlich. Aber vielleicht haben Sie zur Zeit selbst nicht viel. Ihr Geld reicht kaum für das Notwendige. Trotzdem sollen Sie geben? Der Herr Jesus lässt offen, wie viel jeder geben will an Kraft, Zeit, Geld. Aber eines sagt er ganz klar: Hab Mut zu geben! Ich werde es dir in Fülle »heimzahlen«.

Fast jeder hat erlebt, dass er nach einer Zeit größter Belastung, z. B. bei der Pflege von kranken Menschen, sagen musste: »Ich weiß gar nicht, wie ich es geschafft habe.« Eigentlich hat er es auch nicht allein geschafft. Denn Gott stand bei ihm, weil er Wort hält.

Vielleicht haben Sie trotz arger Zeitnot einem Bedrückten zugehört. Und danach stellten Sie fest, wie eine schwere Arbeit schneller und leichter gelang als erwartet.

Möglicherweise haben Sie auch Ihren Geldbeutel weiter geöffnet, als es Ihr Budget erlaubt hätte, weil Sie spürten, dass dies gerade notwendig war. Später staunten Sie, als von jemandem genau dieser Betrag als Geschenk bei Ihnen ankam.

Wer gibt, wird immer neu die Erfahrung machen, dass Gott auf wunderbare Weise zurückschenkt. Probieren Sie es doch aus! Haben Sie Mut zum Geben und entdecken Sie das Geheimnis des Empfangens!

Tipp

Beginnen Sie bei Ihrem Geldbeutel. Seien Sie in Zukunft großzügiger, wenn um eine Gabe gebeten wird. Und dann halten Sie die Augen offen, um Gott auf neue Weise zu erfahren.

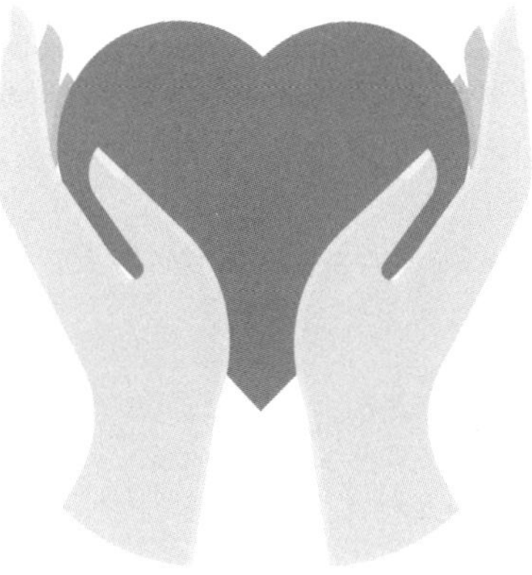

Verkauft man nicht zwei Sperlinge für einen Groschen? Dennoch fällt keiner von ihnen auf die Erde ohne euren Vater.

Matthäus 10,29

Sperlinge findet man überall auf der Welt. Sei es Sommer, sei es Winter, immer sind sie gegenwärtig. Sie haben kein besonderes Aussehen. Keiner weint ihnen nach, wenn sie überfahren am Straßenrand liegen oder in manchen Ländern sogar im Suppentopf landen. Anscheinend macht sich niemand für sie stark.

Vielleicht fühlen Sie sich heute genauso, wie man diese Vögel einschätzt: unwert, unwichtig, hilflos, ausgeliefert, allein. Dann sind Sie in guter Gesellschaft! Sie sind beachtet vom Vater im Himmel. Er hat ein Auge auf diese kleinen Vögel. Sie sind seine Schöpfung und er weiß, wie es ihnen geht, sogar dann, wenn einer von ihnen vom Dach fällt, weil er angeschossen wurde. »Ihr seid mehr wert als viele Sperlinge!«, lässt Jesus uns wissen. Und er kennt sich aus.

Und nun: Mut für den Tag! Wenn der Vater im Himmel auf Sie achthat, dann sind Sie unter einer ganz besonders liebevollen Beobachtung von jemandem, der es gut mit Ihnen meint.

Tipp

Stellen Sie sich auf die Waage! Nein, nicht um wieder über Ihr Gewicht zu jammern! Rechnen Sie hoch, wie viel Ihr Gewicht in Sperlingen zu messen ist. Und danach machen Sie sich bewusst, wie viel mehr wert Sie persönlich dem Vater im Himmel sind.

P.S. Ein Sperling wiegt weniger als ein normaler Brief.

Siehe, in die Hände habe ich dich gezeichnet, spricht der Herr.

Jesaja 49,16

Es gibt Tage, an denen man den Eindruck hat, verloren zu sein. Die Einsamkeit greift um sich, und auch unter Menschen fühlt man sich allein, unverstanden. Man kann mit sich selbst nicht umgehen. Hausarbeit steht wie Berge vor einem und ist erdrückend. Die Frage wird groß, warum man bleibt, wenn doch so wenig Anerkennung da ist: Wo ist mein Platz in diesem Haus, was ist der Sinn für mein Leben, für wen mühe ich mich eigentlich ab? Das Gefühl der Sinnlosigkeit allen Tuns greift um sich.

Mitten ins Durcheinander der Gedanken spricht Gott hinein:

»Siehe, in die Hände habe ich dich gezeichnet!«

»Keine Angst, du gehst nicht verloren. Mein Kind, du bist mir sehr wichtig. In meine Handflächen habe ich deinen Namen eingetragen, so wertvoll bist du mir. Verlier nicht den Mut, treu an deinem Platz zu stehen. Ich bin mit dir. Selbst wenn du dir fremd wirst, ich vergesse dich niemals. Es ist mir wichtig zu wissen, wie es dir geht. Denn in meine Hände habe ich dich eingegraben, du gehörst damit zu mir und ich fühle mich dir persönlich verbunden und verantwortlich.«

Tipp

Malen Sie eine Ihrer Hände auf Papier. Schneiden Sie sie aus und schreiben Sie Ihren Namen darauf. Auf die Rückseite können Sie den Bibelvers dieser Andacht schreiben. Hängen Sie die Hand an eine Ihrer Zimmerpflanzen oder kleben Sie diese an Ihre Küchenzeile als Erinnerung.

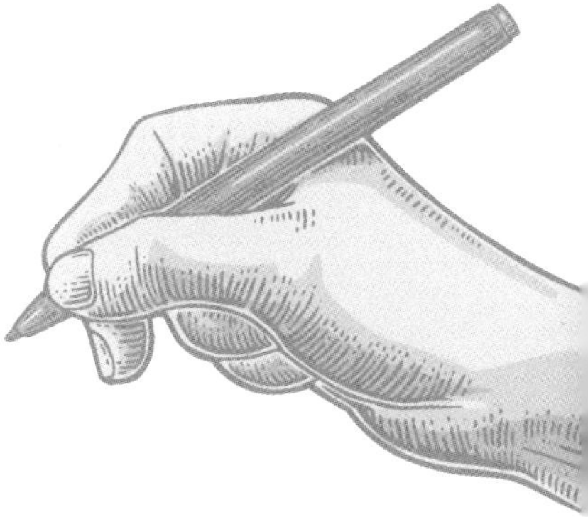

*Der Herr ist mein Licht und mein Heil;
vor wem sollte ich mich fürchten? Der Herr ist
meines Lebens Kraft; vor wem sollte mir grauen?*

Psalm 27,1.2

Immer wieder wird es Menschen und Situationen in unserem Leben geben, vor denen wir uns fürchten. Das Herz klopft schneller, die Atmung wird flacher, die Zunge trocken. Wie oft mag es David so ergangen sein, wenn er wusste, dass Saul mit seinen Soldaten wieder einmal hinter ihm her war? Hier erscheint er sehr mutig. Aber ich habe den Eindruck, er zwingt seine Augen, wegzusehen von der Situation, in der er sich gerade befindet, nämlich in Dunkelheit und Ausweglosigkeit. Statt zu jammern, fängt er an zu beten: Der Herr ist mein Licht. Ich fühle mich eher nach Depression und Verzweiflung. Die Gefahr und Bedrückung will mir fast den Atem nehmen, aber der Herr ist: mein Heil, meine Errettung, meine Hilfe! Ich sehe keinen Weg, doch er gibt mir Orientierung. Voller Zweifel und Ängste spüre ich nur Unheilsein. Der Herr aber gibt mir die Heilung. Mitten in der Angst ist er dabei. Er wird mich hindurchbringen und hinausführen.
Ich halte ihn fest. Mit ihm werde ich weitergehen. Und am Ende wird Gott mir zeigen, was er kann.

Tipp

Zünden Sie eine Kerze an! So sicher, wie die Kerze die Dunkelheit vertreiben kann, so gewiss wird Gott Ihnen durchhelfen, wo Sie ihn heute besonders brauchen. Jammern Sie nicht weiter! Schauen Sie auf die Kerze! Der Herr – nicht Ihr Klagen über die Umstände – will Licht und Heil für Sie sein.

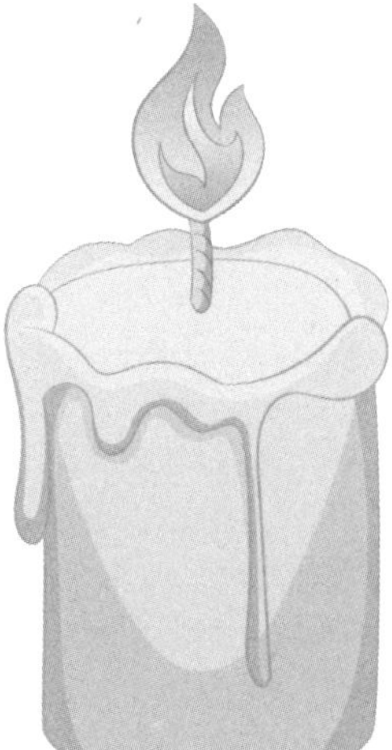

Fürchte dich nicht, du Würmlein Jakob, du armer Haufe Israel. Ich helfe dir, spricht der Herr, und dein Erlöser ist der Heilige Israels.

Jesaja 41,14

Was hier angesprochen wird, ist ein Würmlein, ein armer Haufe. Ein Würmlein ist mit einem kleinen Fußtritt zerstört und einen armen Haufen nimmt man gar nicht erst richtig wahr – oder sieht ihn allenfalls mit einem mitleidsvollen Lächeln an.
Unansehnlich, unwert, unwichtig, verachtet, allenfalls bemitleidenswert – das steht über dem Leben dieser Menschen. Aber jetzt nähert sich der König mit seinen Dienern diesem armseligen Menschen. »Ich helfe dir«, spricht er zu ihm. »Fürchte dich nicht! Ab jetzt stehst du unter meinem persönlichen Schutz.« Vielleicht sind Sie der Mensch, der sich heute wie dieses Würmlein oder dieser armselige Haufe fühlt.
Noch haben Sie Ihre Bettelkleider an und fühlen den Fußtritt der anderen. Doch ab jetzt hat sich die Situation verändert. Die anderen müssen, ob es ihnen passt oder nicht, erkennen, dass niemand die Erlaubnis hat, das Würmlein zu zertreten. Mehr noch: Wer Ihnen an den Kragen gehen sollte, den erwischt es selbst. Wer Ihnen Schaden zufügen will, der bekommt es mit dem Allerhöchsten zu tun.

»Dein Erlöser ist der Heilige Israels.« Er durchschneidet die Fesseln, die andere Ihnen angelegt haben. Er durchbricht die Festlegungen aus Ihrer Vergangenheit. Er löst die Schmerzen der Ablehnung ab. Er nimmt Sie in seine Arme und sagt zu Ihnen: Fürchte dich nicht! Ich bin der Heilige Israels. Niemand ist größer als ich. Niemand ist stärker als ich. Und du gehörst jetzt zu mir.

Tipp

Jedes Mal, wenn Sie beim Bibellesen auf einen Vers treffen, der mit »Fürchte dich nicht« beginnt, schreiben Sie diesen ab. Legen Sie diesen Zuspruch auf den Schrank, einen anderen zwischen die Wäsche, in eine Kaffeetasse, Manteltasche oder zwischen die Klaviernoten. Irgendwann finden Sie diese Zettel dann wieder. Lesen Sie die Verheißungen Gottes durch und prägen Sie sie sich ein. Danach legen Sie sie wieder zurück an ihren Platz. Auf diese Weise lernen Sie mit der Zeit liebevolle Zusagen Gottes auswendig, die Sie stärken können, wenn Sie durch schwierige Tage und Zeiten gehen.

*Der Engel sprach zu den Frauen:
Fürchtet euch nicht! Ich weiß, dass ihr Jesus, den Gekreuzigten, sucht. Er ist nicht hier; er ist auferstanden, wie er gesagt hat.*

Matthäus 28,5.6

Zwei Frauen am Grab. In ihren Herzen steckt noch das Entsetzen der letzten Tage. Jesus, ihren geliebten Herrn, haben die römischen Soldaten ans Kreuz geschlagen. Sie selbst hatten unter dem Kreuz gestanden und geweint. Helfen konnten sie nicht. Dabei hatten sie alle ihre Hoffnung auf diesen Jesus gesetzt. Nun war er gestorben, tot, in ein Grab gelegt. Wie viele unserer Wünsche haben wir auf diese Weise schon beerdigt! Enttäuschte Hoffnungen, Verheißungen, die anscheinend nicht in Erfüllung gingen, Verzweiflung über Gott und seine Wege. Alles hatte so gut begonnen. Und danach? Gestorben und begraben. Resignation, Hoffnungslosigkeit, Aussichtslosigkeit.

Zwei Frauen auf dem Weg zum Grab. Wie oft sind wir auch unterwegs zur Verzweiflung! Aber dann, ein Engel! Fürchtet euch nicht! Ihr arrangiert euch mit dem Ausweglosen, ihr habt den Balsam mitgebracht, um wenigstens die Erinnerung zu bewahren. Aber ihr liegt falsch! Er ist nicht tot. Er ist auferstanden! Mit Furcht und großer Freude reagieren die Frauen.

Sie hinterfragen den Engel nicht: »Aber wir können nur das leere Grab sehen. Wo soll er denn sein?« Nein, sie glauben und laufen los, voller Hoffnung und Gewissheit, vorher im Irrtum gewesen zu sein. Er lebt! Das ist alles, was jetzt ihr Herz erleuchtet.
Mit dieser Hoffnung werden sie wieder lebensfähig. Obwohl sie Jesus noch nicht gesehen haben, wissen sie es jetzt wieder: Er lebt, er ist da, auch wenn sie ihn nicht sehen können.
Dieser Zustand des Herzens öffnet neu den Weg aus dem Gefängnis der Resignation. Sie werden fähig, wieder auf die Verheißungen Gottes zu sehen, weg von den Fakten. Er lebt!
Diese Begegnung mit dem Engel nimmt die Brille der Verzweiflung. Und genau da begegnen sie Jesus, angreifbar nah.
Jesus sehen zu können meint immer wieder, trotz Grab und scheinbarer Endgültigkeit den Verheißungen Gottes Glauben zu schenken. Und dann – zwar noch mit Furcht, aber auch mit Freude – aufzubrechen: Er lebt! Er ist auferstanden!

Tipp

Immer wenn Sie Ihr Gesicht eincremen, erinnern Sie sich daran, dass Gott Ihnen Freudenöl statt Trauerkleider (Jesaja 61,3) geben will. Lassen Sie die Salben am Grab und stimmen Sie ein in die übergroße Freude, die der Engel den Frauen dadurch vermittelte, dass er sagte: Er ist nicht hier; er ist auferstanden!

Jesus Christus spricht: Es ist nichts verborgen, was nicht offenbar wird, und nichts geheim, was man nicht wissen wird.

Matthäus 10,26

Schaut man um sich, so möchte man fast verzweifeln über Ungerechtigkeit, Gemeinheit, Übervorteilung. Der Blick ins eigene Umfeld lässt einen manchmal auch erschaudern. Kein Zweifel, wir leben nicht mehr im Paradies! Wer hat Schuld? Wer ist unschuldig? Schon Adam wälzte die Schuld auf Eva, und sie schob die Schuld auf die Schlange. Schuldig werden wir auf dieser Erde alle in irgendeiner Weise. Und all diese Schuld wird einmal offenbar werden. Endlich wird gerecht beurteilt werden. Ein Aufatmen für Unterdrückte, unschuldig Eingesperrte, Misshandelte. Es wird Gericht gehalten. Nichts kann mehr verdeckt werden. Alles wird offenbar. Aufatmen für die einen, Erschrecken für die anderen. Auch wir werden dort stehen. Offenbar werden wird die ganze Ungerechtigkeit der anderen – aber ebenso auch unsere Fehler. Und wer könnte vor Gott bestehen? Den einen ruft Jesus mit diesem Text zu: »Hört auf damit, andere zu unterdrücken. Es wird einmal alles herauskommen!«

Den anderen sagte er mit ebensolcher Klarheit: »Fühlt euch nicht vollkommen. Offenbar werden wird auch das Geringste. Auch in unseren Augen kleine Vergehen trennen uns von Gott. Sieh zu, dass du selbst Gnade finden wirst!«

Tipp
Beten Sie, dass Gott Ihnen zeigt, wo Sie schuldig geworden sind. Und dann gehen Sie zum Kreuz und bitten Sie Jesus Christus um Vergebung. Lassen Sie sich von ihm auch zeigen, wo Sie noch Vorwurf, Bitterkeit oder Unversöhnlichkeit in Ihrem Herzen tragen gegen Menschen, die Ihnen Böses zugefügt haben. Auch gegen Ihre eigenen Gefühle dürfen Sie im Herzen Vergebung aussprechen. Sie werden spüren, wie befreiend das für Sie selbst ist, wenn Sie dem Anderen nichts mehr nach-tragen.

Der Vogel hat ein Haus gefunden und die Schwalbe ein Nest für ihre Jungen – deine Altäre, Herr Zebaoth, mein König und mein Gott.

Psalm 84,4

Haus – Ausdruck für Sicherheit und Verstandenwerden. Letztlich sehnen wir uns alle nach dem Gefühl, angenommen zu sein, und auch danach, jemanden bergen zu dürfen. Aber das Leben bietet uns kaum die Chance, diese Sehnsucht gestillt zu bekommen. Stattdessen erleben wir immer neue Enttäuschungen, Heimatlosigkeit, Verwirrung, Schmerz.

Der Beter des Psalms entdeckt, wo er Heimat gefunden hat. Er beschreibt den Zufluchtsort, an dem unser tiefstes Heimweh zur Ruhe findet: in der Gemeinschaft mit Gott. Wer ihm begegnet, spürt, dass es solch ein tiefes Verstandenwerden nur am Herzen Gottes gibt.

Vielleicht müssen manche Enttäuschungen unseres Lebens kommen, damit wir uns nicht an Menschen hängen und dabei Gott vergessen. Wer zu Gott kommt, der erfährt, dass er bei ihm die Geborgenheit findet, die er auch an seine Kinder weitergeben kann, selbst wenn er persönlich nie wirklich Heimat erleben durfte.

In der Gemeinschaft mit Gott, am Altar Gottes wird der Schmerz der Heimatlosigkeit und die Einsamkeit der Vergangenheit umgewandelt in die tiefe Gewissheit: Hier ist mein Zuhause. Du, Gott, bist für mich und für meine Kinder der Ort, an dem ich Geborgenheit erfahre.

Tipp

Basteln oder malen Sie ein Haus! Schreiben Sie den oben stehenden Bibelvers darauf. Nehmen Sie den Blick auf dieses Haus immer wieder zum Anlass, Heimat zu suchen bei Ihrem Vater im Himmel, der Ihnen ein Zuhause geben will.

Wenn du durch Wasser gehst, will ich bei dir sein, und wenn du durch Ströme gehst, sollen sie dich nicht ersäufen. Wenn du ins Feuer gehst, wirst du nicht brennen.

Jesaja 43,2

Unser Lebensweg gleicht selten einem Spaziergang. Vielmehr sehen wir uns Fluten ausgesetzt, gegen die wir ankämpfen müssen, um an Land zu kommen. Wir spüren die Härte des Lebens und meinen manches Mal, in den eigenen Tränen zu ertrinken. Sogar vor Feuer sind wir nicht sicher. Lebensbedrohlich versperrt es manchen Weg, der uns als Fluchtweg erscheint. Wir empfinden die Verletzungen durch die Hitze, die Kraftlosigkeit, weiterzumachen, das Ausgeliefertsein an böse Menschen oder auch Hilflosigkeit gegenüber einer Krankheit. Wasser – das erinnert an Leid, an Verzweiflung, an Überforderung. Feuer und Hitze lassen Not, Endgültigkeit, Aussichtslosigkeit anklingen. Auch als Christen werden wir nicht vor Feuer und Wasser verschont werden. Diese Erde ist nicht das Paradies. Doch mittenhinein hat Gott unsere Rettung zugesagt. »Du wirst durch Wasser gehen«, heißt es im Text. Aber gleichzeitig kommt die sichere Zusage: »Ich werde bei dir sein. Ich will mit dir da hindurchgehen.

Diesen gefährlichen Weg musst du nicht allein bewältigen. Und ebenso wird es sein, wenn du von Feuer bedrängt wirst. Doch du wirst nicht brennen.«

Zur Erinnerung

Gott verpflichtet sich selbst als Herr über Wasser und Feuer, uns persönlich zu begleiten. Wasser und Feuer bleiben uns nicht erspart, aber mittendrin wird Gott da sein und uns herausretten.

Zieht nun an als die Auserwählten Gottes, als die Heiligen und Geliebten, herzliches Erbarmen, Freundlichkeit, Demut, Sanftmut, Geduld.

Kolosser 3,12

Ein neues Kleidungsstück, sorgfältig ausgesucht, gibt ein gutes Gefühl beim Tragen. Wir ziehen es an und fühlen uns wohl. Gott bietet uns hier einen wunderbaren Kleidungsstil an, der nicht modeabhängig ist. Wir dürfen kostenlos in die Kleiderkammer Gottes greifen und uns großzügig bedienen. Anziehen allerdings müssen wir die Sachen selbst – wie im übrigen Leben auch. Wer sich die Kleidung nicht anzieht, darf nicht darüber jammern, dass er nichts Passendes hat. Die Stoffe dieser wunderbaren Mode sind individuell auf jeden zugeschnitten. Allerdings gibt es eine Besonderheit: Wer sich nicht der Kleidung würdig benimmt, von dem fällt sie ab, als wäre sie nur ein loses Tuch. Doch nur Mut! Es ist reichlich Nachschub vorhanden zum Neuanziehen. Deshalb immer wieder weitermachen mit dem Anziehen! Und dann staunen und entdecken, wie gut diese Kleidung bei anderen ankommt!

Tipp

Ziehen Sie morgens beim Ankleiden von Bluse und Hemd auch herzliches Erbarmen an. Während Sie Ihre Jacke überziehen, bereichern Sie diese mit Freundlichkeit. Beim Hineinschlüpfen in die Hose erinnern Sie sich daran, Gutes über den anderen zu sagen. Das Schuhebinden verknüpfen Sie damit, sich nicht über den anderen zu stellen. Zuletzt legen Sie Ihren Gürtel um und holen sich von Gott aus der Kleiderkammer ein hohes Maß an Geduld. So wunderbar angezogen, werden Sie sich selbst und anderen zur Freude.

So spricht der Herr: Es soll meine Freude sein, ihnen Gutes zu tun.

Jeremia 32,41

Gott bereitet es offensichtlich Freude, Menschen Gutes zu tun. Leider nehmen wir oft nicht wahr, wann dies geschieht. Wir ernten selbstverständlich die Kirschen vom Baum, beißen in den köstlichen Apfel, staunen über den farbenprächtigen Schmetterling, pflücken eine duftende Rose und beobachten den Sonnenuntergang. Dass Gott dies alles erschuf, um unser Herz und unsere Seele zu erfreuen, darüber denken wir kaum nach. Und noch seltener danken wir ihm dafür.

Wenn Gott uns nun schon so viel Gutes zukommen lässt, sollten wir dann nicht auch einander viel öfter Freude bereiten? Vielleicht wächst dann aus der Freude heraus auch wieder Dankbarkeit.

Tipp

Kochen Sie, auch ohne Anlass, Ihrem Mann einmal wieder sein Lieblingsessen. Schenken Sie Ihrer schwierigen Teenagertochter eine Rose. Telefonieren Sie mit Ihrer Mutter und laden Sie sie ein. Bringen Sie der Nachbarin, die sich kaum noch versorgen kann, ein Stück Kuchen vorbei.

Rufen Sie Ihre Schwiegermutter an und wünschen Sie ihr einen guten Tag.

Freude, die wir weitergeben, kehrt in unser eigenes Herz zurück.

Ich will euch tragen!

Jesaja 46,4

Haben Sie schon einmal ausprobiert, ein Kind zu tragen, dass in eine andere Richtung will als Sie selbst? Das ist äußert beschwerlich! Das Kind schreit, Sie aber können es kaum bändigen. Ähnlich ergeht es uns manchmal, wenn Gott uns den richtigen Weg zeigen will. Wir haben andere Pläne, nämlich unsere eigenen, und die sind menschlich gut durchdacht.

Vielleicht lässt Gott deshalb manchmal Schwachheit zu, damit wir ihn bitten, uns zu tragen. Wenn er trägt, geht es immer in die richtige Richtung. Er kennt die Wegweiser unseres Lebens, die zum Ziel führen. Wer sich von Gott tragen lässt, gewinnt eine andere Perspektive. Er beginnt quasi vom Arm Gottes aus sein Leben zu überblicken und gewinnt damit Weitblick. Ihn verwirren nicht die vielen Wegweiser, die Glück versprechen oder Verzweiflung vor Augen malen.

Er findet sein Glück und seine Geborgenheit auf dem Arm Gottes. Durch seine Schwachheit wird er vollkommen abhängig von Gott, aber er spürt, dass dies kein Verlust, sondern ewiger Gewinn ist.

Tipp

Schreiben Sie die Lasten auf, die Sie innerlich bedrücken wollen. Legen Sie sie als kleine Gebetszettel in eine Schachtel. Machen Sie aus jeder Not ein Gebet. Erinnern Sie sich bei jedem Öffnen der Schachtel daran, dass Gott Sie persönlich – mit allen Ihren Bürden – trägt.

Denn er hat seinen Engeln befohlen,
dass sie dich behüten auf allen deinen Wegen.

Psalm 91,11

Die ausführende Elite für Gottes Pläne sind seine Engel. Sie sind Gehorsam gewohnt, wenn Gott ihnen Befehle gibt. Da gibt es kein Hinterfragen, kein Kopfschütteln, keine Nachlässigkeit, kein Warum. Offensichtlich haben sie auch Gefühle und können diese ausdrücken. Denn es heißt in Lukas 15,7, dass sie sich darüber freuen, wenn ein Mensch zur Buße findet. Engel zweifeln nicht daran, dass Gott es gut mit Menschen meint. Solche Engel schickt Gott zu unserer Begleitung. Sie haben den Auftrag, uns zu behüten auf unseren Wegen, genau Bericht darüber zu geben, wie sie in Situationen eingegriffen haben. Nicht immer nehmen wir diese guten Boten Gottes wahr. Oft verhinderten sie in unserem Leben Unfälle, standen mit am Operationstisch, erinnerten uns an die noch brennende Kerze beim Verlassen des Hauses, gaben uns den Gedanken, einen nicht gewohnten Weg einzuschlagen, weil sie wussten, dass auf dem anderen ein Unfall lauerte, schickten uns rechtzeitig Hilfe in Not. Vielleicht waren es manchmal sogar Engel in Menschengestalt, und wir erkannten sie nicht.

Gott hat seinen Engeln befohlen und auch heute dürfen wir fest mit ihnen rechnen. Wir als Menschen können uns Gottes Befehlen widersetzen. Aber er wartet auf unser offenes Ohr, damit wir auf ihn hören, zu unserem eigenen Guten.

Tipp

Legen Sie sich ein Heft an, in dem Sie besondere Bewahrungen in Ihrem Leben notieren:

Heute bin ich bei Glatteis gerutscht. Irgendwie hat sich das Auto dann doch wieder richtig gedreht. Danke, Gott, für deinen Engel.

Bin mit dem Fahrrad gestürzt. Außer ein paar Schürfwunden nichts passiert. Danke, Herr, dass du mir deinen Engel geschickt hast.

Unser Kind ist von der Schaukel gefallen. Wir mussten zwar mit ihm ins Krankenhaus, durften dann aber gleich wieder heim. »Ein paar Millimeter daneben hätte es ein großes Blutgefäß getroffen«, sagte der Arzt. »Da hat er aber Glück gehabt.« Es war kein Glück, es war Gottes Bote, der aufgepasst hat. Danke, Herr …

Durch Stillesein und Vertrauen würdet ihr stark sein.

Jesaja 30,15

Diesen Vers studiere ich täglich neu ein. Gerade den Lauten fällt es oft schwer zu schweigen. Sie verarbeiten durch Reden. Leider reden sie dabei manchmal schneller und mehr, als sie im Nachhinein für gut befinden. Aber dann ist es schon gesagt und zu spät.

Wer durch reden Dinge verarbeitet, wird schnell schuldig. Denn er gibt Unverarbeitetes weiter. Er selbst hat dann zwar Klarheit gewonnen, aber dabei auch mancherlei Verletzung ausgelöst. Durch Stillesein würdet ihr stark sein. Nicht durch Nörgeln, Sichärgern, nicht durch Lautdenken vor Menschen, nicht durch Sichaufregen. Allerdings muss das Stillesein mit dem Hoffen verbunden werden. Beides zusammen lässt ahnen, dass Stillesein nicht mit kühlem Schweigen gleichzusetzen ist. Mit dem Wort Hoffen, nämlich auf Gott hoffen und ihm meine Sache anbefehlen, wird Stillesein sogar dynamisch. Da muss jede Resignation weichen. Wer sich Gott anvertraut, hat den besten Verbündeten.

Tipp
Stillesein und Hoffen ist eine wunderbare Medizin gegen Bitterkeit und Resignation. Stellen Sie neben Ihre täglichen Pillen, die Sie vielleicht einnehmen müssen, ein leeres Medikamentengläschen mit folgender Aufschrift:
3-mal täglich einzunehmen:
je eine Dosis Stillesein und Vertrauen.
Gehen Sie ins Gespräch mit dem besten Zuhörer, der Ihr trauriges Herz tröstet, Ihre Verwundungen heilt und Ihnen hilft, Ihre Situation zu verändern.

Eines jeden Wege liegen offen vor dem Herrn.

Sprüche 5,21

Er kennt unser Innerstes,
aber nicht, um uns zu verdammen,
wegen unseres Sorgens,
unserer Angst,
unserer Kleingläubigkeit,
unserer Schuld.

Er kennt uns, um uns wissen zu lassen:
Ich bin bei dir,
um deine Sorgen zu tragen,
deine Angst zu bewältigen,
deinen Glauben zu stärken,
deine Schuld zu vergeben.

Sein Auge wacht über uns alle Tage,
um denen, die ihn lieben, durchzuhelfen.

Tipp

Schneiden Sie ein Auge aus Papier aus, schreiben Sie den Vers darauf und hängen Sie ihn in Ihre Küche. Erinnern Sie sich daran, dass Gott Sie sieht, wo Sie jetzt sind, und weiß, wie es Ihnen geht. Er kennt Ihren Arbeitsdruck und das bevorstehende Untersuchungsergebnis. Sein Auge überwacht Sie nicht, sondern begleitet Sie, um Sie wissen zu lassen: Sie sind nicht allein in Ihren Kämpfen. Gott will für Sie sorgen.

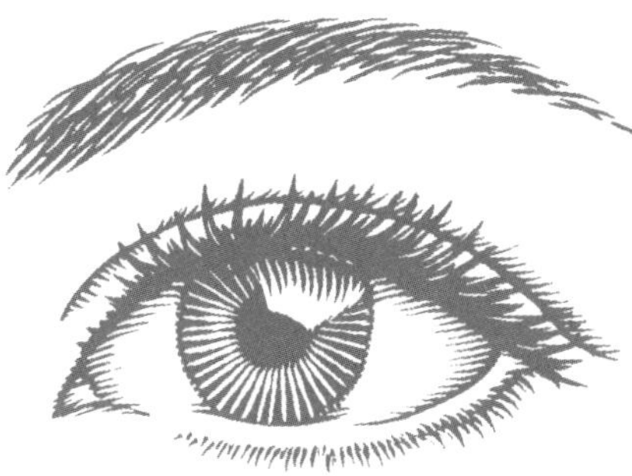

Bildnachweis:
Cover: Getty Images / Lihana
Innenteil: Illustrationen unter den Überschriften: Getty Images / Natality; S. 1: Getty Images / kate_sun; S.5: Getty Images / Hibrida13; S. 7: Getty Images / Ingram Publishing; S. 9: Getty Images / colematt; S. 11: Getty Images / Alexeyzet; S. 13: Getty Images / Stockbyte; S. 15: Getty Images / Ukususha; S. 17: Getty Images / sam_ding; S. 19: Getty Images / COSMOKIDZ; S. 21: Getty Images / DenPotisev; S. 23: Getty Images / NataliaBarashkova; S. 25: Getty Images / carlacastagno; S. 27: Getty Images / zzve; S. 29: Getty Images / MicrovOne; S. 31: Getty Images / aleksey-martynyuk; S. 33: Getty Images / LuckyTD; S. 35: Getty Images / MaksimYremenko; S. 37: Getty Images / OGri; S. 39: Getty Images / DenPotisev; S. 41: Getty Images / Ylivdesign; S. 43: Getty Images / DenPotisev; S. 47: Getty Images / Tereza Hanoldova; S. 49: Getty Images / John1179; S. 51: Getty Images / Igor Nazarenko; S. 53: Getty Images / Elvetica; S. 55: Getty Images / anamad; S. 57: Getty Images / yelet; S. 59: Getty Images / Apola; S. 61: Getty Images / whiteisthecolor; S. 63: Getty Images / Jupiterimages

Bibliografische Information der Deutschen Nationalbibliothek
Die Deutsche Nationalbibliothek verzeichnet diese Publikation in der Deutschen Nationalbibliografie; detaillierte bibliografische Daten sind im Internet über http://www.dnb.de abrufbar.

ISBN 978-3-8429-1620-3
Bestell-Nr. 5.121.620

Umschlaggestaltung & Layout: Ch. Karádi
Gesamtherstellung: Drukarnia Dimograf, Bielsko-Biała, Polen

www.media-kern.de